Explora Neptuno

Jackie Golusky

ediciones Lerner ◆ Mineápolis

PAGE PLUS+

¡Escanea el código QR en la página 21 para ver Neptuno en 3D!

Título original: *Explore Neptune*

La traducción al español fue realizada por Zab Translation.

ediciones Lerner
Una división de Lerner Publishing Group, Inc.
241 First Avenue North
Mineápolis, MN 55401, EE. UU.

Si desea averiguar acerca de niveles de lectura y para obtener más información, favor consultar este título en www.lernerbooks.com.

Fuente del texto del cuerpo principal: Billy Infant regular.
Fuente proporcionada por SparkType.

Library of Congress Cataloging-in-Publication Data

The Cataloging-in-Publication Data for *Explora Neptuno* is on file at the Library of Congress.
ISBN 979-8-7656-0819-7 (lib. bdg.)
ISBN 979-8-7656-2324-4 (pbk.)
ISBN 979-8-7656-1233-0 (epub)

Fabricado en los Estados Unidos de América
1-1009451-51458-4/26/2023

Contenido

Todo sobre Neptuno 4

Lunas y anillos de Neptuno 8

La vida en Neptuno 12

Estudiar Neptuno 16

Datos sobre los planetas 20

Historia espacial 21

Glosario 22

Más información 23

Índice 24

Todo sobre Neptuno

En Neptuno, soplan vientos poderosos. Estos vientos pueden alcanzar las 1200 millas (1931 km) por hora. Neptuno es el planeta más ventoso de nuestro sistema solar.

Este diagrama muestra el orden de los planetas en el sistema solar.

Neptuno es el octavo y último planeta del sistema solar. Está a unos 2800 millones de millas (4500 millones de km) del Sol. ¡Eso significa que Neptuno está treinta veces más lejos del Sol que la Tierra!

Este diagrama muestra el tamaño de la Tierra (*izquierda*) en comparación con Neptuno.

Neptuno es enorme. Tiene un diámetro de aproximadamente 30 598 millas (49 244 km), mientras que la Tierra tiene un diámetro de 7918 millas (12 743 km). Podría alinearse cuatro veces la Tierra en el diámetro de Neptuno.

Neptuno tiene un núcleo congelado y con hielo formado mayormente por agua. Los científicos llaman al planeta el gigante de hielo por su frío extremo y su tamaño enorme.

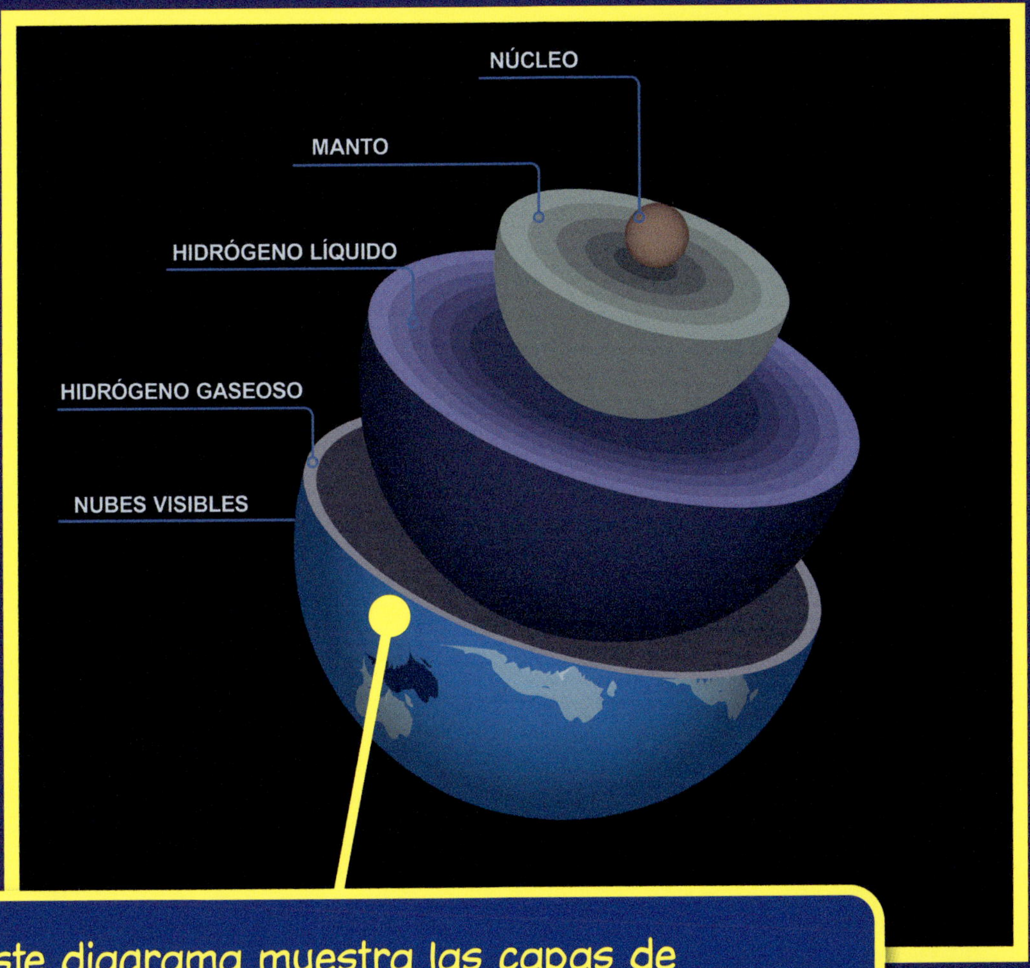

Este diagrama muestra las capas de Neptuno. Sus capas exteriores de gas están formadas por un material llamado hidrógeno.

Lunas y anillos de Neptuno

Neptuno tiene catorce lunas. Su luna más grande es Tritón. Tritón es aún más grande que el planeta enano Plutón.

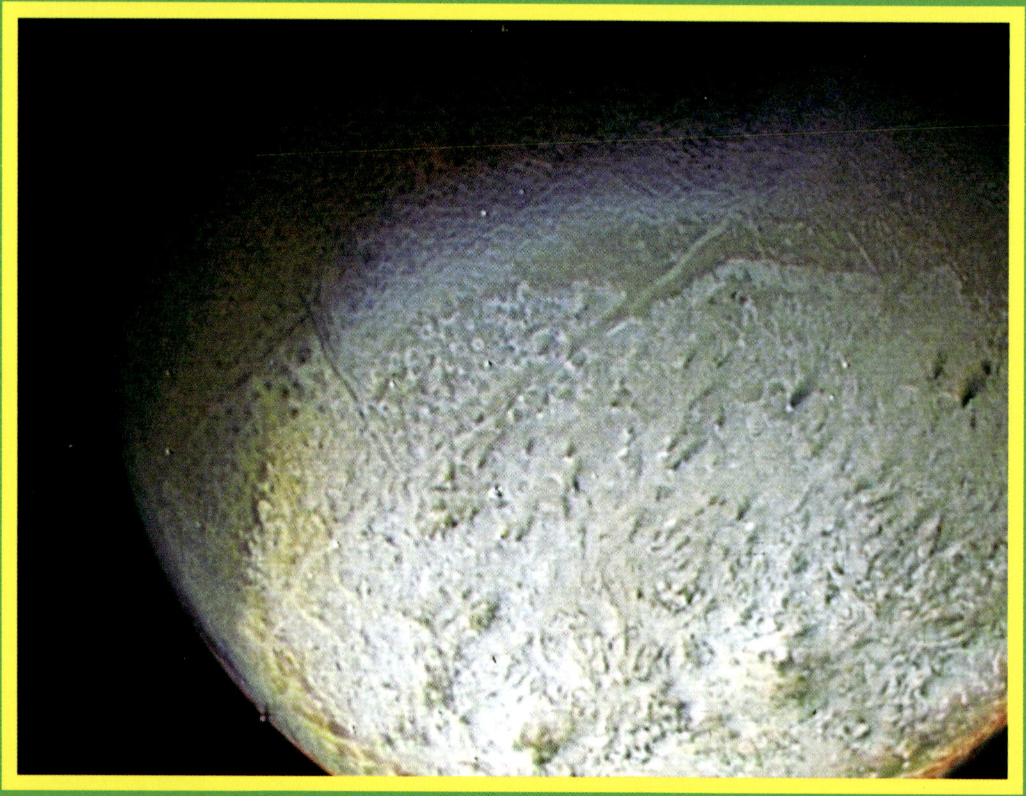

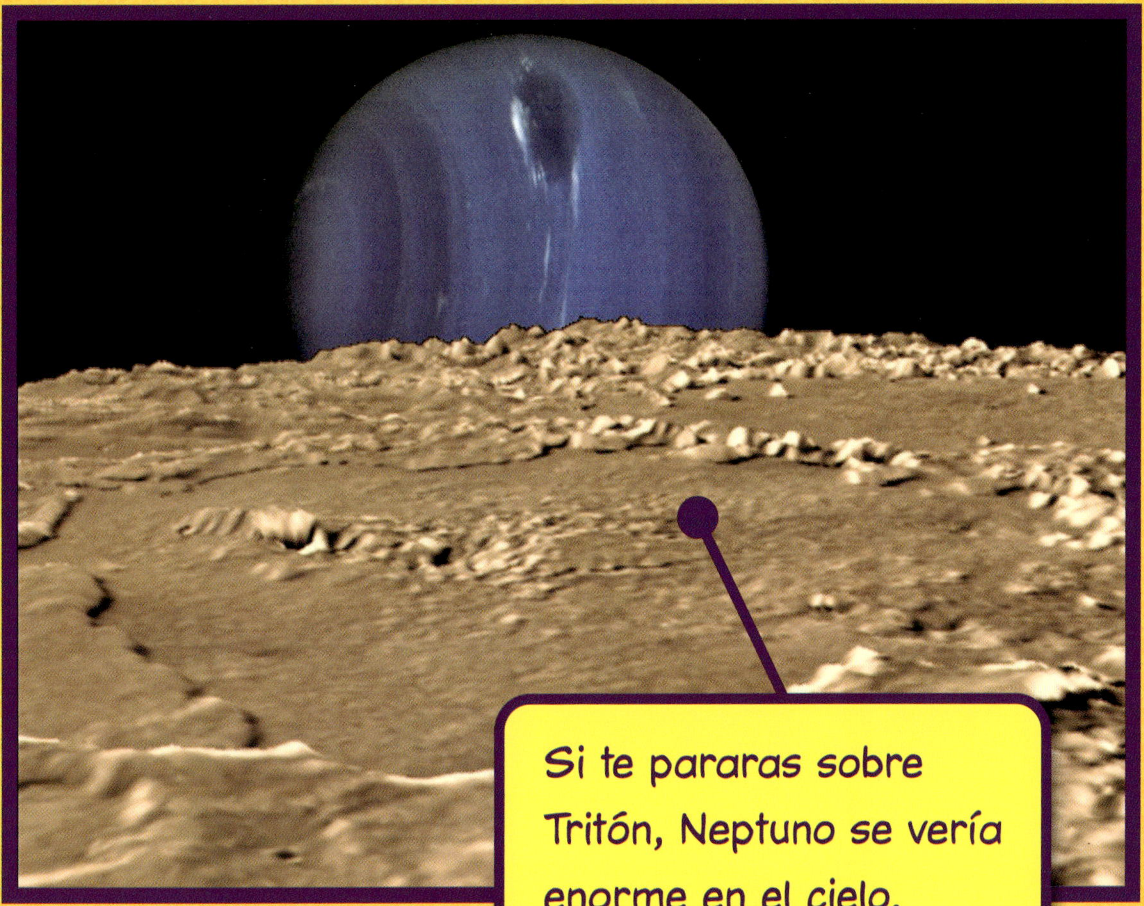

Si te pararas sobre Tritón, Neptuno se vería enorme en el cielo.

Tritón orbita Neptuno en la dirección opuesta a las demás lunas de Neptuno. Los científicos creen que Tritón era un asteroide que pasaba demasiado cerca de Neptuno. La poderosa gravedad de Neptuno empujó a Tritón a su órbita.

Los científicos creen que los anillos de Neptuno se formaron cuando algunas de sus lunas chocaron entre sí y se rompieron en pedazos.

Neptuno tiene cinco anillos.

Sus anillos están formados por polvo y pequeñas rocas. Los anillos son difíciles de ver porque son muy oscuros.

Los anillos de Neptuno no son como los demás anillos de nuestro sistema solar. Las rocas y el polvo se agrupan formando arcos. En 2005, los astrónomos descubrieron que uno de los arcos de Neptuno está desapareciendo y quieren descubrir por qué.

Dos de los anillos de Neptuno brillan en esta fotografía tomada por la nave Voyager 2. Las partes levemente más brillantes del anillo exterior se llaman arcos.

La vida en Neptuno

Si visitaras Neptuno, encontrarías un mundo muy diferente al de la Tierra. Neptuno no tiene una superficie sólida, por lo que no puedes pararte sobre él. Debajo de su densa atmósfera hay un océano medio derretido.

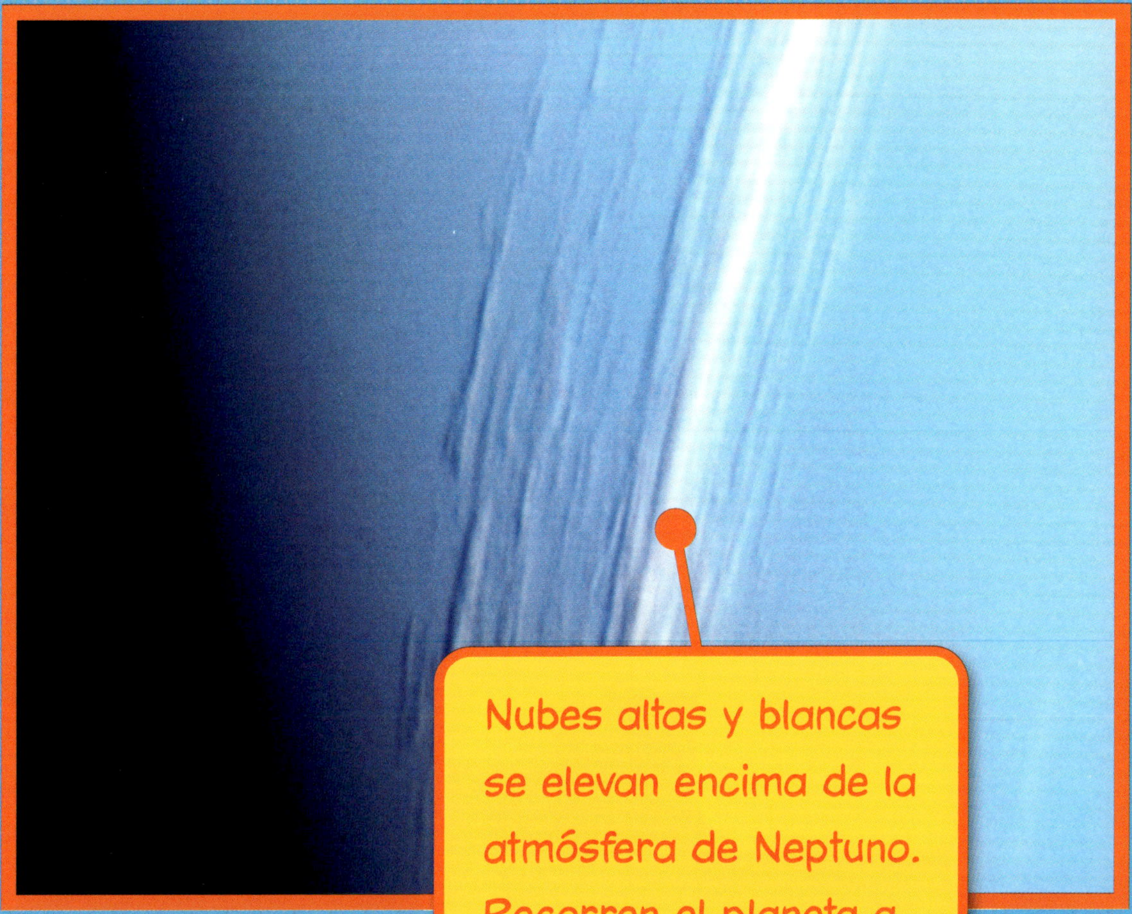

Nubes altas y blancas se elevan encima de la atmósfera de Neptuno. Recorren el planeta a altas velocidades.

Neptuno tiene estaciones. Pero las estaciones son muy diferentes a las de la Tierra. A Neptuno le lleva 165 años completar una órbita, ¡y cada una de las estaciones dura más de 40 años!

Los científicos tomaron imágenes de la temperatura de Neptuno y descubrieron que el polo sur del planeta (*mancha blanca*) es más cálido que el resto.

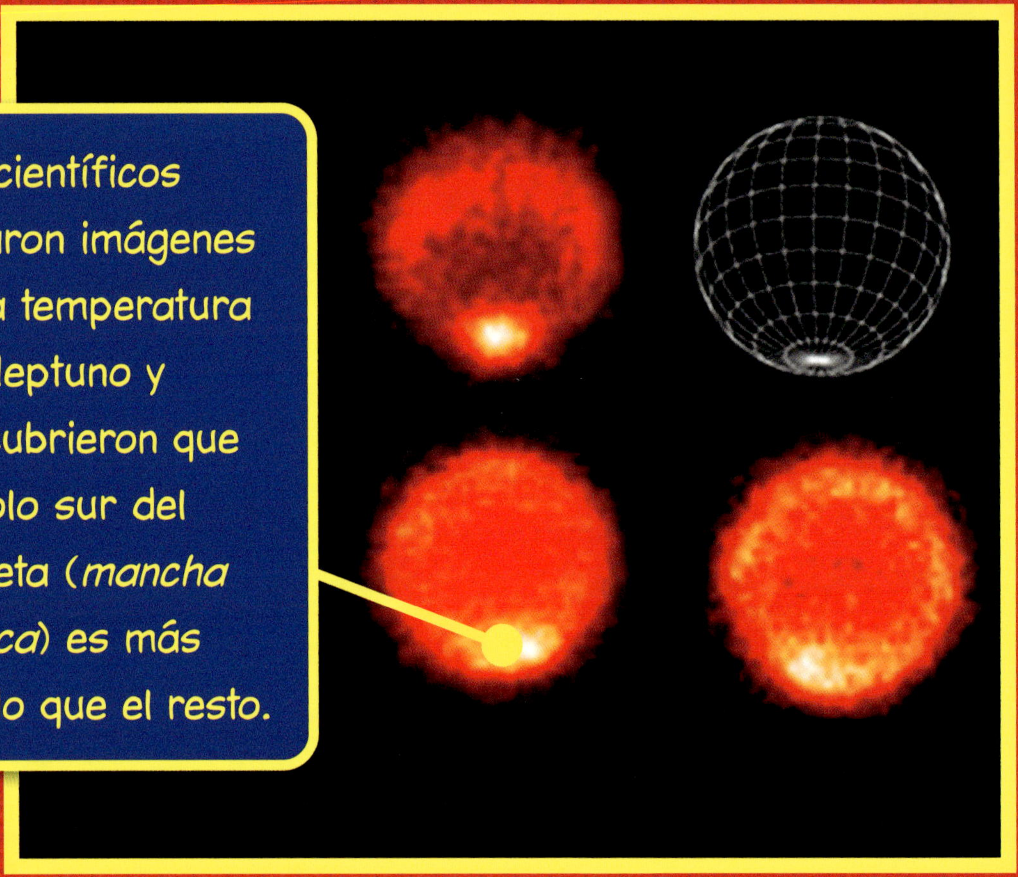

La temperatura promedio de Neptuno son unos gélidos -353 °F (-214 °C), lo que lo convierte en el planeta más frío del sistema solar. Pero Neptuno tiene también una atmósfera muy densa que atrapa el calor cerca de su superficie.

Algunos científicos creen que Neptuno tiene un océano extremadamente cálido en su superficie. Creen que la atmósfera densa del planeta crea una elevada presión que evita que el agua entre en ebullición.

Neptuno tiene un clima extremo. ¡Los científicos creen que su lluvia está formada por diamantes sólidos!

Estudiar Neptuno

La primera y única nave espacial que visitó Neptuno fue Voyager 2. En 1989, la nave espacial voló cerca de Neptuno y estudió sus anillos y lunas.

Las tormentas de Neptuno se llaman manchas oscuras.

Voyager 2 descubrió tormentas enormes en Neptuno. Cinco años después, los científicos intentaron usar el telescopio espacial Hubble para saber más sobre estas tormentas, pero habían desaparecido.

Como Neptuno está tan alejado, es difícil estudiarlo. La NASA espera descubrir más sobre el planeta. El telescopio espacial James Webb estudiará objetos en el espacio exterior, incluido Neptuno.

El espejo dorado del telescopio espacial James Webb tiene un ancho aproximado de 21 pies (6,5 m). ¡Cuatro veces el tamaño de un ser humano adulto!

El telescopio espacial James Webb es tan grande que hay que plegarlo para su lanzamiento.

Con la ayuda del telescopio espacial James Webb, los científicos descubrirán más sobre nuestro vecino más distante y sus tormentas misteriosas.

Datos sobre los planetas

- Los vientos de Neptuno son nueve veces más fuertes que los de la Tierra.
- El planeta lleva el nombre del dios griego del mar. Sus lunas también llevan el nombre de dioses y diosas. Algunos de los nombres son Hipocampo, Nereida, Talasa y Proteo.
- El color azul de Neptuno proviene del metano de su atmósfera. El metano es un gas, como el aire.

Historia espacial

No hay un consenso sobre quién descubrió Neptuno. Galileo dibujó a Neptuno dos veces en 1613, y hay quienes dicen que fue él quien lo descubrió. Otros dicen que Galileo no lo descubrió porque no está claro si pensaba que era una estrella o un planeta. Los astrónomos están analizando los bocetos de Galileo para resolver la cuestión.

¡Escanea el código QR a la derecha para ver a Neptuno en 3D!

Glosario

arco: una parte de un anillo alrededor de Neptuno compuesto por grupos de polvo y roca

asteroide: un objeto grande y rocoso que se desplaza por el sistema solar

atmósfera: el aire que rodea un planeta

nave espacial: un vehículo que se desplaza en el espacio exterior

orbitar: viajar alrededor de un objeto en una trayectoria circular u ovalada

presión: la acción de presionar o empujar contra algo

sistema solar: una estrella y los planetas que se mueven a su alrededor

superficie: la capa externa de tierra o agua

Más información

Ducksters: Astronomy
https://www.ducksters.com/science/solarsystem.php

Golusky, Jackie. *Explora Urano.* Mineápolis: ediciones Lerner, 2024.

Jones, Emma. *Exploring Neptune.* Nueva York: KidHaven, 2018.

Kiddle: Neptune's Moons
https://kids.kiddle.co/List_of_Neptune%27s_moons

Murray, Julie. *Neptune.* Mineápolis: Abdo Zoom, 2019.

NASA: All about Neptune
https://spaceplace.nasa.gov/all-about-neptune/en/

Índice

anillos, 10-11, 16
arcos, 11

estaciones, 13

océanos, 12, 15

telescopio espacial
James Webb, 18-19
tormentas, 17, 19
Tritón, 8-9

vientos, 4
Voyager 2, 16-17

Créditos por las fotografías

Créditos de las imágenes: NASA/ARC, p. 4; WP/Wikimedia Commons (CC BY-SA 3.0), p. 5; Orange-kun/Wikimedia, p. 6; Mevan/Shutterstock.com, p. 7; NASA/JPL, pp. 8, 11, 13, 14, 16, 17; NASA/JPL/USGS, p. 9; Dotted Yeti/Shutterstock.com, p. 10; NASA/JPL-Caltech, p. 12; Bjoern Wylezich/Shutterstock.com, p. 15; NASA/GSFC, pp. 18, 19.

Portada: Ian McKinnell/Getty Images.